BEI GRIN MACHT SICH IHR WISSEN BEZAHLT

- Wir veröffentlichen Ihre Hausarbeit, Bachelor- und Masterarbeit

- Ihr eigenes eBook und Buch - weltweit in allen wichtigen Shops

- Verdienen Sie an jedem Verkauf

Jetzt bei www.GRIN.com hochladen und kostenlos publizieren

GRIN ☺

Analyse von Führung, Kommunikation und Teamarbeit

Lea Sophie Biechele

Bibliografische Information der Deutschen Nationalbibliothek:

Die Deutsche Nationalbibliothek verzeichnet diese Publikation in der Deutschen Nationalbibliografie; detaillierte bibliografische Daten sind im Internet über http://dnb.d-nb.de abrufbar.

ISBN: 9783346944153
Dieses Buch ist auch als E-Book erhältlich.

© GRIN Publishing GmbH
Trappentreustraße 1
80339 München

Alle Rechte vorbehalten

Druck und Bindung: Books on Demand GmbH, Norderstedt Germany
Gedruckt auf säurefreiem Papier aus verantwortungsvollen Quellen

Das vorliegende Werk wurde sorgfältig erarbeitet. Dennoch übernehmen Autoren und Verlag für die Richtigkeit von Angaben, Hinweisen, Links und Ratschlägen sowie eventuelle Druckfehler keine Haftung.

Das Buch bei GRIN: https://www.grin.com/document/1397039

Einsendeaufgabe

Modul:

Kommunikation und Führung

Studiengang:

Soziale Arbeit

Verfasserin:

Lea Sophie Biechele

2

Inhaltsverzeichnis

Abkürzungsverzeichnis

Abb.	= Abbildung
allg.	= allgemein
bspw.	= beispielsweise
BTRSPI	= Belbin Team Role Self-Perception Inventory
bzgl.	= bezüglich
d. h.	= das heißt
etc.	= et cetera
evtl.	= eventuell
gem.	= gemäß
ggf.	= gegebenen Falls
lt.	= laut
mind.	= mindestens
vgl.	= vergleiche
WM	= Weltmeisterschaft
z. B.	= zum Beispiel

4

Abbildungsverzeichnis

Tabellenverzeichnis

Anlagenverzeichnis

C1) Aufgaben von Teamleiter:innen – ein Fallbeispiel

Aus Gründen der besseren Lesbarkeit wird nachfolgend in dieser Einsendeaufgabe auf das Gendern verzichtet, gemeint sind natürlich stets alle Geschlechter.

Dieser Aufgabenteil beschäftigt sich mit der Bearbeitung des nachfolgenden Falls:

„Als Führungskraft beobachten Sie seit einigen Wochen, dass sich unter den Mitarbeitenden Ihres Teams verschiedene „Cliquen" gebildet haben. Sie machen sich Sorgen um den Gruppenzusammenhalt und befürchten, dass sich daraus ein Konflikt entwickeln könnte. Wie gehen Sie jetzt damit um? Skizzieren Sie Ihr Vorgehen und begründen Sie es."

Vor Bearbeitung des Falls erfolgt eine allgemeine Einführung in das Thema Teamarbeit, um wichtige Begriffe im Voraus zu klären und den Leser an das Thema heranzuführen.

1. Mythos Team

Der Begriff Team hat sich im Wortschatz der heutigen Gesellschaft fest verankert. Das englische Wort „Team" wird im deutschen häufig mit „Mannschaft" oder „Gruppe" gleichgesetzt. Ein Blick auf den Mannschaftssport macht deutlich, was ein funktionierendes Team gemeinsam alles erreichen kann. So gewann Deutschland 2014 unter Trainer Jogi Löw z. B. die Fußball WM in Brasilien. Nach dem Sieg lobte dieser vor allem den ausgeprägten Teamgeist der Spieler. Doch diese Medaille hat auch eine Kehrseite: Bei der nachfolgenden Weltmeisterschaft schied Deutschland bereits in der Vorrunde in Russland aus. Der besagte Teamgeist, der vier Jahre zuvor den Sieg einbrachte, schien an dieser Stelle gefehlt zu haben. Was also ist das Geheimnis eines funktionierenden Teams? Nicht nur im Sport, sondern auch in der Arbeitswelt, wird zunehmend auf den Erfolg der Zusammenarbeit von Menschen in Teams gesetzt. Es finden sich wenige Stellenangebote, die „Teamfähigkeit" nicht als Voraussetzung fordern (Meier, 2020, S. 1). Woran liegt das? Um dies näher zu untersuchen, muss zunächst eine ausführliche Begriffsbestimmung des Wortes „Team" erfolgen.

1.1 Begriffsbestimmung „Team"

Teams sind im ursprünglichen Sinne eine Form von Gruppen. Umgangssprachlich werden diese Begriffe folglich oft synonym verwendet. Dies wird in dieser Arbeit ebenfalls so gehandhabt. Deshalb erfolgt zunächst die Definition des Begriffs „Gruppe" (F. Becker, 2016, S. 6).

Im sozialwissenschaftlichen Kontext sind überwiegend folgende Kriterien zur Definition von Gruppen zu finden:

1. Gruppen bestehen aus mind. zwei Personen.

2. Im Gegensatz zu reinen Ansammlungen von Menschen, findet in Gruppen eine Interaktion der einzelnen Mitglieder statt.

3. Gruppen basieren auf gemeinsam Werten und Normen.

4. Gruppen haben eine gemeinsame Aufgabe, nach deren Erfüllung alle Gruppenmitglieder streben.

5. In Gruppen herrscht meist eine klare Rollenverteilung, jedes Mitglied kennt seine Aufgaben und seinen Platz.

6. Es gibt klare Grenzen nach außen, d. h. es ist für jeden ersichtlich, wer Teil der Gruppe ist und wer nicht.

7. Sehr typisch für Gruppen ist auch die Entwicklung einer gemeinsamen Identität, häufig „Wir-Gefühl" genannt, welche den Zusammenhalt der einzelnen Mitglieder stärkt (F. Becker, 2016, S. 7).

Teams unterscheiden sich grundlegend in dem Punkt von Gruppen, dass der Fokus aller Mitglieder stets auf der Erreichung eines gemeinsamen Zieles liegt. Teams sind künstlich geschaffene Gruppen und werden (häufig) von Dritten um eine Aufgabe herum aufgebaut. Die Erfüllung dieser Aufgabe hat Priorität, alle anderen Aspekte haben sich diesem Ziel unterzuordnen. Dies ist bspw. bei der Gruppe der Familie oder einem Freundeskreis nicht zwingend der Fall, der Fokus liegt hierbei eher auf dem sozialen Kontext und den Mitgliedern (F. Becker, 2016, S. 7–8). Daraus ergeben sich folgende Besonderheiten der Gruppenform „Team":

1. Die Aufgabenstellung ist Grundlage für die Bildung von Teamzielen.

2. Anzahl und Fähigkeiten der Teammitglieder, sowie Rollenverteilung und Hierarchie innerhalb der Gruppe werden aufgabenspezifisch angepasst.

3. Soziale Interaktionen innerhalb des Teams tragen zur Erfüllung der gemeinsamen Aufgabe bei.

4. Der Abschluss einer Aufgabe birgt häufig die Auflösung des Teams (F. Becker, 2016, S. 8).

Im Folgenden wird nun näher auf die Bedeutung von Teams im wirtschaftlichen Kontext eingegangen.

1.2 Die Bedeutung von Teams im wirtschaftlichen Kontext

Teamarbeit in Unternehmen hat in den letzten Jahren immer mehr an Bedeutung gewonnen. Jedoch stößt sie auch immer wieder an ihre Grenzen. Tabelle 1 verschafft einen Überblick der Vor- und Nachteile des Einsatzes von Teams in Unternehmen.

Tabelle 1: Vor- und Nachteile von Teamarbeit in Unternehmen

Vorteile	Nachteile
Arbeitsteilung bei komplexen und umfangreichen Aufgaben.	Die Führung von Teams ist sehr anspruchsvoll.
Befriedigung des menschlichen Strebens nach Interaktion und Kommunikation.	Die Komplexität der Koordination steigt mit jedem weiteren Mitglied.
Entwicklung eines Wir-Gefühls innerhalb des Teams und dadurch Bindung an die Aufgabe.	Die Transparenz der individuellen Leistungserfassung verschwimmt.
Gegenseitige Motivation der Teammitglieder zur Erfüllung der Aufgabe.	Soziale Interaktionen innerhalb des Teams können vom Wesentlichen ablenken.
Mehr Eigenverantwortung, Selbstorganisation und Koordination durch flache Hierarchien.	Wo Menschen aufeinandertreffen entstehen immer auch Konflikte, diese werden auf dem Rücken der Aufgabe ausgetragen.
Steigerung von Innovation und Kreativität durch Vernetzung von Wissen.	Negative Synergieeffekte.
Abbau von Personalkosten durch Einsparung von Führungskräften.	Die Entfaltungsmöglichkeiten von Individuen sind beschränkt.
Austausch von Informationen und gegenseitiges Lernen, dadurch persönliche Entwicklung.	Große Kompromissbereitschaft innerhalb des Teams nötig.

Positive Synergieeffekte.	Der „Teamgeist" kann schnell missbraucht werden, manche Mitglieder bringen sich mehr ein als andere.

Quelle: Nerdinger, 2019, S. 123–128

Stellt man die Vor- und Nachteile von Teamarbeit gegenüber, wird schnell deutlich, dass sprichwörtlich nicht alles Gold ist, was glänzt. Bevor eine Organisation sich dazu entscheidet Teamarbeit als Arbeitsform einzusetzen, gilt es deshalb viele Faktoren (Inputs und Prozesse) abzuwägen, um den gewünschten Erfolg (Outputs) zu erzielen (Ullmann & Jörg, 2019, S. 413–414). Dazu kann die nachfolgende Abbildung herangezogen werden.

Abbildung 1: Input-Prozess-Output-Modell des Teamerfolges

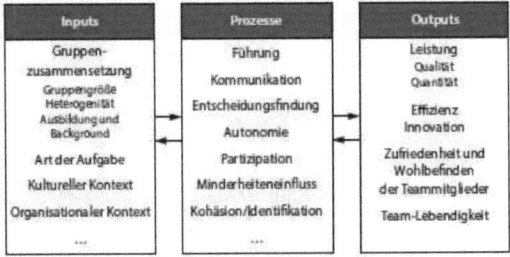

Quelle: Ullmann & Jörg, 2019, S. 414; zitiert nach Dick und West, 2003

Neben der Aufgabe und dem Ziel des Teams, diversen Umwelteinflüssen, der Gruppengröße, dem Zeitfaktor und verfügbaren Ressourcen ist das *Teamdesign*, also die Zusammensetzung des Teams, von größter Wichtigkeit. Maßgebend ist außerdem die Diversität, also Vielfalt innerhalb eines Teams, welche an folgenden Ausprägungen festgemacht wird: Demographische Merkmale, Knowhow und Berufserfahrung, eigene Werte, individuelle Persönlichkeiten und sozialer Status. Die Diversität eines Teams hat Einfluss auf die Kommunikation im Team, die Gruppenidentität sowie die Leistung im Allgemeinen. Inwiefern ein Team gem. dieser Ausprägungen homogen oder heterogen zusammengestellt wird, muss individuell an die Aufgabe angepasst werden, da beides Vor- und Nachteile birgt. Homogen zusammengesetzte Teams profitieren vor allem durch ausgeprägte Kohäsion und dadurch insgesamt mehr Harmonie innerhalb der Gruppe. Dahingegen herrscht in heterogenen Teams ein reger Wissensaustausch und die Diversität führt zu mehr Kreativität und Innovation (Nerdinger, 2019, S. 128–130).

Ein vermehrt auftretendes Phänomen in heterogenen Teams sind *Gruppenbruchlinien*. Darunter versteht man nach Lau & Murnigham „[...] hypothetische Trennlinien, die eine Gruppe oder ein Team in zwei oder mehr Subgruppen aufteilen, wobei die Aufteilung auf einem oder mehreren individuellen Attributen beruht" (Lau, D. C., & Murnigham, J. K., 1998, S. 328). Den stärksten Einfluss auf Gruppenbruchlinien hat erfahrungsgemäß demographische Diversität. An erster Stelle steht hier die Altersdiversität, gefolgt von der Nationalität, dem Geschlecht, der Beschäftigungsdauer, der Art der Anstellung und dem Bildungsgrad. Gruppenbruchlinien wirken sich negativ auf den Erfolg von Teamarbeit aus. Sie führen zu Konflikten zwischen den Gruppenmitgliedern auf Beziehungs- und Arbeitsebene. Darunter leiden die Gruppenkohäsion, die Arbeitsleistung und die Arbeitszufriedenheit (Nerdinger, 2019, S. 130).

Diese unzähligen Einflussgrößen machen das Teamdesign zu einer schwierigen Aufgabe. In der Praxis hat sich diesbezüglich die Interventionsmöglichkeit des _Teambuildings_, zu Deutsch „Teamentwicklung", etabliert. Die Teamentwicklung hat zum Ziel, Barrieren innerhalb bestehender Teams abzubauen, Rollen klar auszudifferenzieren und zwischenmenschliche Beziehungen zu stärken. Dies geschieht an Hand von sozialen und aufgabenbezogenen Prozessen innerhalb eines Teams. Dabei werden die Teammitglieder in Form von Gruppen- und Einzelgesprächen, Workshops, Trainings etc. eng miteinbezogen. Ob ein Team schlussendlich erfolgreich ist, steht und fällt mit der Führung. Besonders die Führung von heterogenen Teams erweist sich in der Praxis als äußerst anspruchsvoll (Nerdinger, 2019, S. 131). Im nächsten Abschnitt erfolgt nun ein kleiner Einblick in die Komplexität der Führung von Teams.

2. Führung von Teams

Das Führen von Teams unterscheidet sich in der Komplexität deutlich von der Führung von Einzelpersonen. Der Gruppenkontext beeinflusst z. B. positive/ negative Synergieeffekte und erhöht das Konfliktpotential enorm. Die Teilautonomie der Gruppe kann einen Kontroll- und Einflussverlust auf Seiten der Führungskraft bedingen. Negativer Machtmissbrauch und die Entstehung von Konflikten, die auf dem Rücken der Erfüllung der Aufgabe ausgetragen werden sind mögliche Folgen. Die Führung von Teams ist demnach ein ausschlaggebender Faktor, der über Erfolg und Misserfolg einer Organisation entscheidet. Dies ist auch der Grund dafür, dass Teams nicht isoliert, sondern immer in Bezug zur Organisation gesehen werden müssen. Sie stellen die Verbindung zwischen dem Individuum und dem Unternehmen dar (Ullmann & Jörg, 2019, S. 408–409).

2.1 Aufgaben von Führungskräften

In den meisten Fällen wird die Teamführung einer einzelnen Person übertragen. Diese kann sowohl ein Teil des Teams sein, als auch extern als Führungskraft von außen agieren. Daneben gibt es noch die Form der geteilten Führung (engl. „shared leadership"), bei der die Führung zwischen mehreren Personen aufgeteilt wird oder innerhalb eines Turnus wechselt (Ullmann & Jörg, 2019, S. 412). Die Definition von Gary Yukl, einem weltbekannten Wissenschaftler auf dem Gebiet der Personalführung, verschafft einen ersten Überblick über die Aufgaben einer Führungskraft. Darin definiert er Führung als „the process of influencing others to understand and agree about what needs to be done and how to do it, and the process of facilitating and collective efforts to accomplish shared objectives" (Yukl, 2006, S. 8). Das Ziel einer Führungskraft ist es, das Potenzial des Teams zu maximieren, seine Schwächen zu minimieren. Dies lässt sich in drei Hauptaufgaben untergliedern:

1. Management: Meint die Klärung und Bestimmung von Strategie, Zielen, Prozessen, Strukturen, Aufgaben und Rollen. Umfasst außerdem das Teamdesign, sowie dessen Koordination und Abstimmung und abrundend individuelles und teambezogenes Feedback zur Arbeitsleistung.

2. Führung: Bedeutet in diesem Kontext mit gutem Vorbild voranzugehen, Teammitglieder zu motivieren, Krisenmanagement zu betreiben und die Interessen des Teams nach innen und außen zu vertreten.

3. Coaching: Handelt nach dem Grundsatz der Hilfe zur Selbsthilfe und beschreibt die Unterstützung und Beratung des Teams oder einzelner Mitglieder in herausfordernden Situationen (Ullmann & Jörg, 2019, S. 419).

Anlage 1 veranschaulicht die einzelnen Rollen einer Führungskraft noch differenzierter. Dieses Thema weiter zu vertiefen würde allerdings den Rahmen dieser Arbeit sprengen.

2.2 Konfliktmanagement als Führungsaufgabe

Gem. der anschließenden Fallbearbeitung muss an dieser Stelle als weitere Führungsaufgabe das *Konfliktmanagement* genannt werden. Konfliktmanagement bedeutet Konflikte zu erkennen, in ihrer Komplexität zu verstehen und sich auf konstruktiver Ebene mit ihnen auseinanderzusetzen. Wo Menschen in Interaktion miteinander stehen, sind Konflikte allgegenwärtig. Sie sind Bestandteil des sozialen Lebens und unvermeidbar. Dies macht Konfliktmanagement als Führungsaufgabe umso unverzichtbarer (Lippmann, 2019, S. 764–765).

Konflikten sollte zunächst wertneutral begegnet werden. Auch wenn sie häufig eine Störung in der Zielerreichung mit sich bringen, sind sie dennoch die Wurzel für Veränderung. Betrachtet man Konflikte gem. ihrer Funktionalität, ergeben sich aus Perspektive der Organisation vier Ebenen:

1. Aufgabe: Inwiefern beeinflusst der Konflikt die Erfüllung des Hauptziels?

2. Struktur: Inwiefern sagt der Konflikt etwas über die Strukturen innerhalb der Organisation aus? Müssen diese evtl. angepasst werden?

3. Kultur: Was sagt der Konflikt über die Kultur innerhalb des Unternehmens bzgl. der innerbetrieblichen Kommunikation, Normen, Werte, und dem allg. geltenden Menschenbild aus? Wie wird innerhalb der Organisation mit Konflikten umgegangen?

4. Person/ Rolle: In welchen Punkten ist der vorliegende Konflikt Ausdruck von unterschiedlichen Erwartungen und Werthaltungen mehrerer Parteien? Wo genau liegen die Reibungspunkte: Bedürfnisse, Ziele, Werthaltungen (Lippmann, 2019, S. 767)?

Abbildung 2 veranschaulicht nochmals deutlich wie komplex sich der Umgang mit Konflikten als Führungsaufgabe gestaltet.

Abbildung 2: Umgang mit Konflikten als Führungsaufgabe

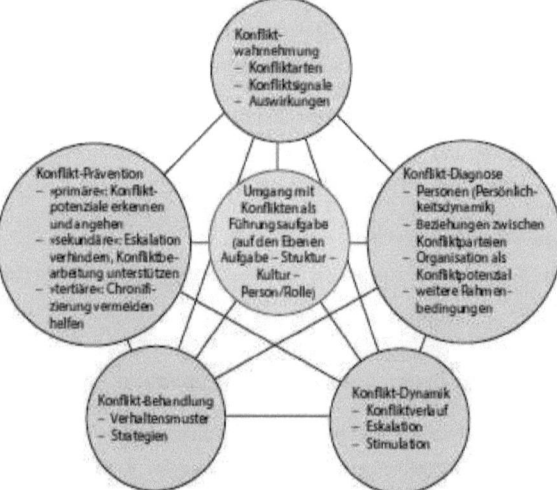

Quelle: Lippmann, 2019, S. 768

Um den vorgegebenen Umfang dieser Teilaufgabe einzuhalten, wird der Fokus hier auf Strategien zur Prävention und Lösung von Konflikten sowie die Konfliktart der Untergruppenkonflikte gelegt. Dies wird parallel auf den oben skizzierten Fall angewandt.

3. Fallbearbeitung

Wie oben im Fall beschrieben, haben sich in den vergangenen Wochen verschiedene Cliquen, im Fachjargon auch „Unter- oder Subgruppen", gebildet. Dies ist in erster Linie ein natürlicher Prozess wenn mehrere Menschen aufeinander treffen und nicht unbedingt problematisch. Es bilden sich z. B. kleine Gruppen, die zusammen die Mittagspause verbringen. Freundschaften entstehen und man trifft sich auch außerhalb des Arbeitsplatzes, ja sogar die Entstehung von Liebes- oder Ehepaaren innerhalb von Teams ist kein Einzelfall. Problematisch wird dies jedoch, sobald diese Subgruppen von der Gesamtgruppe als Bedrohung wahrgenommen werden. Dies geschieht dann, wenn die emotionale Sicherheit der Gruppe gefährdet ist. Darunter leidet schlussfolgernd der Gruppenzusammenhalt, welcher wiederum Einfluss auf den Erfolg und die Zielerreichung des Teams hat. Die Praxis hat schon des Öfteren gezeigt, dass die vermehrte Bildung von Cliquen die Auflösung eines gesamten Teams mit sich ziehen kann. Jedoch ermöglicht eine gewisse Diversität innerhalb von Gruppen auch Vorteile, wie unterschiedliche Denkweisen, Problemlösungsansätze und Erfahrungen. Die Kreativität des Teams steigt und es entstehen qualitativ hochwertigere Lösungsmöglichkeiten. Insgesamt herrscht eine Interdependenz zwischen Untergruppen und Gesamtgruppen: Obwohl sie sich gegenseitig zerstören, brauchen sie sich gleichermaßen (Schwarz, 2014, S. 162–164).

3.1 Mögliche Präventionsmaßnahmen

Auch wenn in diesem Fall die Bildung von Cliquen schon geschehen ist, soll kurz auf mögliche Präventionsmaßnahmen eingegangen werden. Wie in Kapitel 1.2 bereits erläutert, birgt eine hohe Diversität innerhalb von Teams das Risiko von Gruppenbruchlinien. Die Führungskraft kann durch eine nach außen gelebte positive Haltung bzgl. Diversität, Werte wie Toleranz und (Welt-)Offenheit an ihre Teammitglieder weitergeben. Außerdem kann bereits bei der Einstellung von Mitarbeitern darauf geachtet werden, dass sich die Diversität, besonders bezogen auf sozio-demographische Merkmale, innerhalb des Teams in der Waage hält. So wird der Bildung von Subgruppen im Voraus entgegengewirkt (Schermuly & Schölmerich, 2014, S. 31–33).

3.2 Interventionsmöglichkeiten

Um eventuell entstehende Konflikte abzuwenden gilt es nun zu analysieren, wodurch die Spaltung innerhalb der Gruppe entstanden ist und ob die vorhandenen Untergruppen negative Effekte auf den Gruppenzusammenhalt insgesamt und auf die Erfüllung der Aufgabe haben. Falls ja, sollte die Führungskraft den Fokus auf Teambuildingmaßnahmen, die Förderung der Offenheit gegenüber Diversität im Team insgesamt und den Abbau von Vorurteilen legen, um Hemmschwellen und Berührungsängste zwischen den entstandenen Subgruppen abzumildern. Geteilte Werte und Normen sowieso gemeinsame Ziele können die Gruppenkohäsion und das Vertrauen ineinander stärken (Schermuly & Schölmerich, 2014, S. 32–33). Geeignete Maßnahmen zur Steigerung der Kohäsion in Teams sind z. B. gemeinsame Ausflüge, Workshops zur Steigerung der Konfliktfähigkeit, Kommunikationstraining, gemeinsame Räumlichkeiten (z. B. Pausenraum), Symbole der Teamzugehörigkeit (z. B. Arbeitskleidung, gemeinsame Rituale), das Benennen und gemeinsame Feiern von Erfolgen, eine hohe Partizipation bei der Zielvereinbarung und das Implementieren eines konstruktiven Konfliktmanagements durch die Führungskraft (F. Becker, 2016, S. 68–69).

Das folgende Kapitel handelt von der Kommunikationstechnik des Aktiven Zuhörens. An Hand eines Beispieldialoges soll gezeigt werden, welches beobachtbare Verhalten Aktives Zuhören ausmacht und welche Haltung dahinter steht.

16

C 2) Wertschätzende Rhetorik – ein Fallbeispiel

Kommunikationsfähigkeit ist als eine der wichtigsten Sozialkompetenzen als Anforderung an Bewerber in Stellenanzeigen nicht mehr wegzudenken. Sie ist zu einer Schlüsselqualifikation geworden, die maßgeblich zur eigenen beruflichen Handlungskompetenz beiträgt. Kommunikationsfähigkeit beinhaltet neben der Dialogfähigkeit das Ausdrucksvermögen in Wort und Schrift und die Fähigkeit zu visualisieren, zu moderieren und zu argumentieren. Erst die Kommunikation untereinander macht den Austausch von Informationen in Studium, Beruf und im Umgang mit anderen Mensch im Allgemeinen möglich (Simon, 2004, S. 12–14).

In Unternehmen wird die Kommunikation oft als „sozialer Klebstoff" bezeichnet, der die Organisation zusammenhält und durch das wechselseitige Austauschen von Informationen die Funktionalität dieser sicherstellt. Ein wichtiger Nebeneffekt von Kommunikation ist außerdem, dass sie das Grundbedürfnis des Menschen zu kommunizieren und an möglichst alle die eigene Person betreffenden Informationen zu gelangen, befriedigt (Simon, 2004, S. 15).

Grundvoraussetzung für eine gelingende Kommunikation ist aufmerksames Zuhören. Zuhören ermöglicht den Erhalt von Informationen. Wird es richtig praktiziert, können Ansichten, Meinungen und Wünsche des Gegenübers in Erfahrung gebracht werden. Außerdem wird Missverständnissen vorgebeugt und die eigene Argumentation kann nach und nach aufgebaut werden (Simon, 2004, S. 110). Das Aktive Zuhören zählt heute zu den wichtigsten Kommunikationsformen und wird im Folgenden näher beleuchtet.

1. Aktives Zuhören

Aktives Zuhören fordert volle Konzentration, die volle Aufmerksamkeit ggü. der sprechenden Person und die (geistige) Präsenz im gegenwärtigen Moment. Dies kann umgesetzt werden indem der wesentliche Inhalt des Gesagten des Gegenübers in eigenen Worten zusammengefasst wird (paraphrasieren). Wichtig ist es außerdem, über den Tellerrand hinauszuschauen und zwischen den Zeilen zu lesen, denn Kommunikation geschieht immer auf zwei Ebenen: der Sachebene und der Beziehungsebene. Bei letzterer geht es darum, aufmerksam wahrzunehmen, welche Gefühle beim Gesagten mitschwingen und diese zu erfassen (verbalisieren). Aktives Zuhören stoppt den Fluss des Gesprächs für einige Augenblicke und bietet dadurch die Möglichkeit, sich auf die Wirklichkeit des Gesprächspartners einzulassen und diesen voll und ganz wahrzunehmen (Simon, 2004, S. 111–112).

1.1 Nutzen/ Wirkung/ Ziele

Nutzen, Wirkung und Ziele der Technik des Aktiven Zuhörens auf Seiten beider Parteien werden in Tabelle 2 gegenüber gestellt. Der Sprechende wird dabei nachfolgend als Sender bezeichnet, der Zuhörer als Empfänger.

Tabelle 2: Nutzen, Wirkung und Ziele von Aktivem Zuhören

Sender	Empfänger
- Hat die Möglichkeit sich mitzuteilen.	- Erhält wichtige Sachinformationen.
- Fühlt sich durch die Aufmerksamkeit des Empfängers ernst- und wahrgenommen.	- Kann Bedürfnisse des Gegenübers besser erkennen und dadurch besser darauf reagieren.
- Erfährt das Gefühl der Wertschätzung. Fühlt sich wichtig und als Person geachtet.	- Bringt Meinungen, Wünsche und Ansichten des Gegenübers in Erfahrung.
- Wird in seiner Autonomie gestärkt, was wiederum positive Effekte auf den Aufbau des eigenen Selbstbewusstseins hat.	- Bietet dem Sender durch geschickte Lenkung des Gesprächs die Möglichkeit zur eigenständigen Problemlösung (Hilfe zur Selbsthilfe).
- Kann dem Empfänger einen Einblick in die eigene Lebenswelt gewähren.	- Ermöglicht einen Perspektivenwechsel.
- Hat die Möglichkeit, das Gesagte ggf. zu korrigieren.	- Beugt Missverständnissen vor.
- Eine positive Gesprächsatmosphäre regt dazu an, sich zu öffnen und verbessert den Gesprächsfluss.	- Erzeugt durch die Anerkennung des Gegenübers ein positives Gesprächsklima (auch für nachfolgende Gespräche).
	- Kann eigene Argumentation durch gewonnene Erkenntnisse aufbauen.

Quelle: Simon, 2004, S. 111–115

1.2 Techniken des Aktiven Zuhörens

Einführend in die Techniken des Aktiven Zuhörens wirkt ein Zitat von Hörmann. Dieser schrieb in seinem Werk „Meinen und Verstehen": „Der Erfolg, der Verstandenhaben kennzeichnet, kann ‚eigentlich' nur vom Sender der Mitteilung attestiert werden, indem er die Äußerung des Hörers als Paraphrase seiner eigenen Mitteilung akzeptiert [...]" (Hörmann, 1976, S. 206).

Das Zitat von Hörmann weist schon auf die erste Technik, das Paraphrasieren, hin. In der Einleitung zwar schon kurz erwähnt, soll hierbei nochmals vertieft darauf eingegangen werden. Paraphrasieren ist kurz gesagt das Wiederholen eines gehörten Sachverhalts mit eigenen Worten. Dies ermöglicht dem Sender einer Nachricht den Sachinhalt entweder zu bestätigen oder zu korrigieren und damit Missverständnissen vorzubeugen (Simon, 2004, S. 112–113). Durch Interjektionen wie bspw. „mhmm", „aha", „wirklich?", „und weiter?" kann dem Gesprächspartner zusätzlich Aufmerksamkeit und Interesse vermittelt werden (Luckau, 2018, S. 63). Dies gilt auch für den Einsatz von Fragetechniken. Durch gezielte Fragen kann der Sender dazu angeregt werden, einen Sachverhalt zu vertiefen oder Gedankengänge weiterzuführen, was wiederum dessen eigene Problemlösekompetenz stärkt und dem Empfänger zusätzlich weitere Informationen liefert (Simon, 2004, S. 114–115).

Menschliches Erleben wird maßgeblich von Gefühlen beeinflusst. Deshalb ist es sehr wichtig, bei der zwischenmenschlichen Kommunikation auch auf die Beziehungsebene einzugehen. Dabei hilft die Technik des Verbalisierens. Hierbei wird die emotionale Aussage, die beim Sachinhalt des Gesprächs mitschwingt, vom Empfänger in Worte gefasst. Dies kann dem Sender dabei helfen, sich über seine eigene Gefühlswelt klar zu werden. Dadurch wird eine Vertrauensbasis geschaffen. Dies ist förderlich dafür, sich selbst öffnen zu können und der Sender wird zugleich dazu angeregt, auch nachfolgend über seine Meinung und Gefühle zum Thema nachzudenken. Oftmals verlieren (negative) Emotionen auch an Stärke, nachdem sie erstmals benannt wurden. Dies fördert die Möglichkeit eines Wechsels der Perspektive (Simon, 2004, S. 113).

Bezogen auf Kommunikation im Allgemeinen ist bekannt, dass nonverbale Kommunikation, also Körpersprache, einen enormen Einfluss auf den Gesamteindruck eines Gesprächs hat. Mit Werkzeugen wie z. B. der Mimik, Gestik oder Körperhaltung können dem Gesprächspartner Signale gesendet werden, die maßgeblich dafür sind, wie er uns wahrnimmt und inwiefern er sich selbst wahrgenommen fühlt (Simon, 2004, S. 113–114).

2. Fallbeispiel

An Hand des folgenden fiktiven Falls mit Beispieldialog sollen die bereits genannten Techniken des aktiven Zuhörens zum besseren Verständnis veranschaulicht werden.

2.1 Ausgangssituation

Linda befindet sich in einer schwierigen Situation. Vergangene Nacht hatten sie und ihr Lebenspartner Mario einen heftigen Streit. Den ganzen Tag über drehen sich ihre Gedanken nun darum und sie kann sich kaum auf die Arbeit konzentrieren. Ihrer Arbeitskollegin Lea fällt auf, dass die sonst so fröhliche Linda heute in sich gekehrt am Schreibtisch gegenüber sitzt und kaum ein Wort heraus bringt. Lea nimmt sich vor, Linda nach der Arbeit darauf anzusprechen. Die beiden pflegen auch privat ein sehr enges, freundschaftliches Verhältnis.

2.2 Beispieldialog

Lea: Hey Linda, hast du Lust nach der Arbeit zusammen bei mir zu kochen? Mein Mann kommt heute spät von der Arbeit und ich esse so ungern alleine.

Linda zögert kurz, doch der Gedanke an die leere Wohnung zu Hause macht ihr die Entscheidung einfach.

Linda: Das hört sich gut an. Ich möchte heute auch ungern alleine sein.

Lea: Ich habe schon gemerkt, dass du heute anders bist als sonst. Du sahst den ganzen Tag so nachdenklich aus. Du weißt, ich habe immer ein offenes Ohr für dich!

Linda: Ja ich glaube es würde mir bestimmt gut tun, darüber zu sprechen, aber lass uns erst mal zu dir nach Hause gehen.

Lea: Das machen wir.

In Leas Wohnung angekommen setzen sich die beiden mit einer Kanne Tee ins Wohnzimmer.

Lea lehnt sich in Richtung Linda und legt ihr eine Hand auf den Rücken

Lea: So Linda, was liegt dir denn so schwer auf dem Herzen?

Linda: Ich hatte gestern einen furchtbaren Streit mit Mario. Es ist einfach immer wieder dasselbe mit ihm. Er wusste ganz genau wie gerne ich mit ihm gemeinsam den Abend verbracht hätte. Trotzdem kam er erst wieder mitten in der Nacht nach Hause.

Lea: Also ihr wart verabredet und er hat dich versetzt? Das war mit Sicherheit sehr enttäuschend für dich. Wo hat er denn wieder so lange gesteckt?

Linda: Und wie! Seit Wochen rede ich auf ihn ein. Wir haben kaum noch Zeit füreinander. Gefühlt ist ihm alles andere wichtiger als ich.

Lea streichelt Linda den Rücken und nickt verständnisvoll mit dem Kopf

Linda: Wo er war wollte er mir nicht sagen, aber seine Alkoholfahne hat ihn ohnehin verraten.

Lea: Er kam also mitten in der Nacht betrunken nach Hause, obwohl ihr euch verabredet hattet?

Linda: Ja ... und so läuft das seit Wochen ab.

Lea: Mhmm.. ich kann mir vorstellen, dass das sehr frustrierend für dich sein muss. Vor allem wenn es schon über einen längeren Zeitraum so abläuft. Das habe ich richtig verstanden oder?

Legende

Orange = Nonverbale Verhaltensweisen und Urlaut-Technik

Lila = Paraphrasieren

Grün = Verbalisieren

Abschließend soll dem Leser näher gebracht werden, welche persönliche Haltung hinter der Technik des Aktiven Zuhörens stehen sollte, um diese wirksam anwenden zu können.

3. Auf die Haltung kommt es an

Ein Paradoxon der Rhetorik ist: Wann immer diese als solche enttarnt wird, funktioniert sie nicht. Erst die **Kombination** aus *einer von innen kommenden, von Wertschätzung für das Gegenüber geprägten Haltung* **und** der Anwendung der Techniken des Aktiven Zuhörens erbringt die erwünschten Effekte (Luckau, 2018, S. 62–63). Um diese Haltung näher zu beschreiben, wird auf die Erkenntnisse des personenzentrierten Ansatzes von Rogers zurückgegriffen. Nach diesem Ansatz ist die Senderin der Botschaft die wahre Expertin ihrer Lebenswelt. Das heißt für den Zuhörer, das Gehörte bedingungslos anzunehmen und nicht zu bewerten. Auch wenn es nicht der eigenen Meinung entspricht. Diese Akzeptanz ist lt. Rogers eine der drei benötigten Komponenten der Grundhaltung des Zuhörers, nachfolgend auch Berater genannt. Als zweite Komponente beschreibt Rogers Empathie. Der Berater hat die Aufgabe sich in die Gefühlswelt der erzählenden Person hineinzubegeben und ihre Sicht der Welt anzuerkennen. Kongruenz, häufig auch als Echtheit bezeichnet, bildet die dritte Komponente. Der Berater soll während des Prozesses keine Rolle spielen, sondern sein echtes Verhalten wiederspiegeln und er selbst bleiben. Dies kann der hilfesuchenden Person im besten Fall dazu verhelfen, selbst an mehr Selbstverantwortung und -bewusstsein zu gelangen und der Berater hat die Möglichkeit Hilfe zur Selbsthilfe zu vermitteln (Galliker, 2019).

Ergänzend dazu nennt Simon einige Grundvoraussetzungen, die ein aktiver Zuhörer mitbringen muss, um die Wirksamkeit der Technik des Aktiven Zuhörens zu gewährleisten.

Der Zuhörer muss

1. sich auf die Gefühlswelt des Senders einlassen und die geäußerten Gefühle und Probleme ehrlich aufnehmen,

2. den Willen und die Zeit dazu haben, dem Sender zu helfen,

3. im Kontakt mit dem Sender eine gute Balance zwischen Nähe und Distanz schaffen,

4. geäußerte Empfindungen auch dann annehmen, wenn sie nicht mit den eigenen übereinstimmen.

Abschließend lässt sich feststellen, dass das Aktive Zuhören bei richtiger Durchführung eine wirksame Technik ist, die nicht nur die Beziehung zwischen den Gesprächspartnern verbessert, sondern auch ein starkes Gefühl der Vertrautheit und Verbundenheit erzeugen kann. Die Wertschätzung des Gegenübers führt zudem häufig dazu, dass dieser in seiner Autonomie und seinem Selbstbewusstsein gestärkt wird (Simon, 2004, S. 112–

116). Bezogen auf eine gelingende Kommunikation, sollte man sich immer im Kopf behalten, dass am Ende nicht die Technik, sondern der Mensch, Ausgangs-, Mittel- und Eckpunkt jeder Kommunikation bleibt (Simon, 2004, S. 15).

Das folgende Kapitel behandelt das Teamrollenkonzept von Belbin. Nach einer Einführung ins Thema wird darauf eingegangen, welchen Wert dieses Modell für die Praxis hat und wo seine Grenzen liegen.

C 3) Möglichkeiten und Grenzen des Teamrollenkonzepts nach Belbin

Belbin beschreibt ein Team als „ [...] a set of players who have a reciprocal part to play, and who are dynamically engaged with one another" (Belbin, 2011, S. 98). Diese Definition unterstreicht die Aussage seines Teamrollenkonzepts: der Erfolg eines Teams misst sich an der Zusammenstellung der Teammitglieder und einer dynamischen und wechselseitigen Beziehung dieser (Bank, 2018, S. 70).

Teamrollenkonzept nach Belbin

Welche Faktoren entscheiden über Erfolg und Misserfolg eines Teams? Dieser Frage ist der englische Psychologe R. Meredith Belbin in Zusammenarbeit mit dem Henley Management College mittels jahrelanger Forschung nachgegangen. Daraus entstand das Belbin Team Role Self-Perception Inventory (BTRSPI). Ausgehend von der Annahme, dass die Persönlichkeitseigenschaften eines jeden Menschen unterschiedlich stark ausgeprägt sind, führte er mit Studenten des Henley Management Colleges Management-Schulungen durch. Diese gingen über mehrere Tage und Wochen und bestanden aus der Durchführung von Planspielen (Bank, 2018, S. 68–69). Diese Planspiele simulierten das Arbeitsleben und enthielten sämtliche Variablen, die für die Probleme der Entscheidungsfindung in Unternehmen typisch sind. Die Probanden wurden zu unterschiedlichen Teams zusammengesellt und mussten sich außerdem psychometrischen Tests und einem Test der Denkfähigkeit auf hohem Niveau unterziehen. Außerdem wird als Grundlage für den persönlichen Teamrollenbericht eine Selbsteinschätzung der eigenen Rolle in Teams gefordert. Diese basiert auf einem strukturierten Fragebogen. Dieser Selbsteinschätzung werden dann vier bis acht Fremdeinschätzungen (engl. Feedback) von Teammitgliedern gegenübergestellt. Das größte Entwicklungspotenzial liegt in der Differenz zwischen diesen beiden Einschätzungen (Kuster et al., 2019, S. 337–339).

Bei den Planspielen wurde zudem von professionellen Beobachtern vermerkt, wer ihrer Meinung nach welchen Beitrag für das Team leistete. Dies geschah im Takt von jeweils maximal 30 Sekunden. Ausgewählt werden konnte dabei aus einem Katalog von acht verschiedenen Kategorien: fragen, informieren, vorschlagen, entgegnen, delegieren, gestalten, kommentieren. Die Ergebnisse wurden anschließend analysiert und in Vergleich gesetzt mit den Ergebnissen des Cattell's Sixteen Personality Factor Questionaire. Einem Persönlichkeitstest, der die Ausprägung für 16 Persönlichkeitsmerkmale in Skalen angibt und voraussagen soll, was ein Mensch in einer bestimmten Situation tun wird (Bank, 2018, S. 69). Neben dem Persönlichkeitsfaktor maß Belbin den Teamerfolg außerdem an Hand von vertretenen Fähigkeiten und der Entscheidungsfindung im Team sowie monetären Erfolgskennziffern. Untersucht wurden mehrere hundert Teams, überwiegend zusammengesetzt aus vier bis sechs Teilnehmern (Arenberg, 2016, S. 41).

Teamrollen

Wie in der Einführung dieses Kapitels bereits kurz angesprochen, misst sich der Teamerfolg an Hand der Zusammensetzung der einzelnen Persönlichkeitsmerkmale, Stärken und Schwächen der einzelnen Mitglieder. Jedes Teammitglied leistet in seiner Rolle einen Beitrag zum „großen Ganzen" (J. H. Becker, 2018, S. 159–160). Unter dem Begriff Teamrolle versteht Belbin „a pattern of behavior characteristic of the way in which one team member interacts with another so as to facilitate the progress of the team as a whole" (Belbin, 1981, S. 132). Dabei wird zwischen der funktionalen Rolle und der individuellen Teamrolle der Teammitglieder unterschieden.

Funktionale Rolle

Diese ist berufsspezifisch und bezieht sich grob gesagt auf das „Können" einer Person. Damit sind Wissen, Fähigkeiten, Fertigkeiten und Qualifikationen gemeint. Für den Erfolg eines Teams ist es unerlässlich, die Teammitglieder passgenau in ihrer funktionalen Rolle gem. den vorhandenen Aufgaben und dem vorgegebenen Ziel auszuwählen (Bank, 2018, S. 42–43).

Individuelle Teamrolle

Das Verhalten einer Person innerhalb eines Teams gibt Aufschluss über deren Teamrolle. Belbin unterscheidet dabei drei Kompetenzgruppen, denen er jeweils drei Teamrollen zuweist (vgl. Abb. 3):

- Erledigen: Macher, Perfektionist, Umsetzer.

- Denken: Spezialist, Neuerer, Beobachter.

- Kommunizieren: Teamarbeiter, Koordinator und Wegbereiter (Kuster et al., 2019, S. 338).

Abbildung 3: Teamrollen nach Belbin

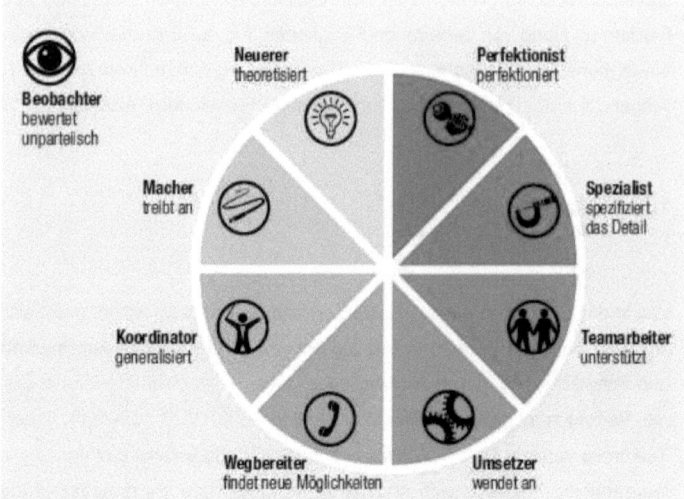

Quelle: Kuster et al., 2019, S. 338; zitiert nach Bergander, 2008

Die Stärken und Schwächen der einzelnen Teamrollen und ihr zentraler Beitrag im Team werden in der nachfolgenden Tabelle gegenübergestellt.

Tabelle 3 Teamrollen und ihre Funktionen, Stärken und Schwächen

Teamrolle	Zentraler Beitrag	Stärken	Schwächen
Erledigen			
Macher	Drängt andere zum Handeln, hat den Mut, Hindernisse zu überwinden.	Dynamisch, pragmatisch, stressresistent.	Ungeduldig, provokativ.
Perfektionist	Arbeitet detailgetreu, macht auf Fehler aufmerksam.	Verantwortungsbewusst, pünktlich, sorgfältig.	Ängstlich, wirkt ausbremsend, delegiert ungern.
Umsetzer	Setzt Pläne in die Tat um.	Organisiert, diszipliniert, pflichtbewusst, effektiv.	Oft unflexibel und eigensinnig.
Denken			
Spezialist	Liefert Fachwissen.	Selbstbezogen, engagiert.	Verliert sich häufig in Details.
Neuerer	Fungiert als Ideengeber.	Kreativ, individualistisch, unorthodoxe Denkweise.	Abgehoben, hält sich nicht an For-

			malien, Kommunikationsfähigkeit schwach ausgeprägt.
Beobachter	Überprüft realistisch die Machbarkeit von Ideen.	Realistisch, kritisch, strategisch, urteilt genau.	Wenig motivierend und inspirierend, kann andere schnell ausbremsen.

Kommunizieren

Teamarbeiter	Fördert Kommunikation und Beziehungsarbeit im Team.	Kooperativ, diplomatisch, einfühlsam, guter Zuhörer.	Schnell beeinflussbar, selten entscheidungsstark.
Koordinator	Idealer Teamleiter, fördert Entscheidungsprozesse, gutes Auge für Talente.	Selbstbewusst, vertrauensvoll, organisatorisches Talent, Ziele immer im Blick.	Manipulativ, einfallslos, delegiert oft Aufgaben, eigene Fähigkeiten schwach ausgeprägt.
Wegbereiter	Findet eigenständig Lösungswege, ist gut vernetzt und kümmert sich um „Vitamin B" des Teams.	Kommunikativ, extrovertiert, enthusiastisch, neugierig.	Teils zu optimistisch, verliert Interesse oft schnell wieder.

Quelle: Eigene Darstellung in Anlehnung an Arenberg, 2016, S. 43 und J. H. Becker, 2018, S. 160

Über die Verteilung der Rollen und der damit einhergehenden Ressourcen in einem Team sagt Belbin: „Ein Team kann seine Ressourcen nur dann optimal nutzen, wenn eine ausreichende Bandbreite und Balance der Teamrollen gegeben ist. Nützliche Teammitglieder sind solche, die eine gewisse Lücke durch ihre Eigenschaften schließen können, ohne andere Eigenschaften, die bereits vorhanden sind, doppelt zu besetzen. Ein Team ist eine Frage des Gleichgewichts. Was gebraucht wird, sind nicht ausgeglichene Individuen, sondern Individuen, die sich gegenseitig ergänzen. In diesem Sinne können menschliche Schwächen übergangen und Stärken voll genutzt werden" (Belbin, 1981, S. 102). Ergänzend dazu lässt sich sagen, dass jede Teamrolle ihre Wichtigkeit zur Vervollständigung eines Teams besitzt, hierbei gibt es also kein gut oder schlecht (Kuster et al., 2019, S. 339).

Seinen *Wert für die Praxis* findet Belbins Teamrollenkonzept mit Sicherheit darin, dass es dem Einzelnen dabei hilft, seine Selbstwahrnehmung und –reflexion zu verbessern und seinen Platz und seine Aufgaben im Team zu finden. Dadurch werden die eigenen

Ressourcen (re-)aktiviert, die eigenen Stärken ins Bewusstsein gerufen und persönliche Defizite können durch die Rollen anderer Mitglieder ausgeglichen werden. Voraussetzung hierfür ist jedoch die ausgewogene Rollenverteilung im Team (J. H. Becker, 2018, S. 161). Optimaler Weise sind hierbei alle neun Rollen in einem Team vertreten. Laut Belbin sind zudem kleine Teams mit einer Anzahl von bis zu sechs Personen effizienter und erfolgreicher (Arenberg, 2016, S. 43).

Den Abschluss dieser Arbeit bildet ein kritischer Blick auf das Teamrollenkonzept von Belbin, der auf mögliche Grenzen des Modells hinweisen soll.

Grenzen des Modells

Es sollte darauf hingewiesen werden, dass Belbin persönliche Differenzen zwischen Teammitgliedern bei seinen Forschungen außen vor gelassen hat. Diese haben jedoch einen erheblichen Einfluss auf die Harmonie innerhalb des Teams und damit auf die Gruppenkohäsion und den Erfolg. Ein weiterer Kritikpunkt des Teamrollenkonzepts ist mit Sicherheit die Tatsache, dass ein Team, welches aus neun Personen besteht und sich genau auf die neun vorhandenen Rollen verteilt, eher selten zustande kommt (J. H. Becker, 2018, S. 160). Dagegen lässt sich jedoch argumentieren, dass es in Belbins Fallbeschreibungen auch Teams gegeben hat, die trotz nicht erfüllter Rollenbesetzung sehr effektiv gearbeitet haben (Arenberg, 2016, S. 44). Hierbei geht es also mehr um die Ausgewogenheit der Rollenverteilung als um die Vollständigkeit.

Kritisch betrachtet werden kann auch der Aspekt, dass viele Menschen dazu neigen, eine verzerrte Selbstwahrnehmung zu haben. Dass führt dazu, dass die Ergebnisse des auszufüllenden Fragebogens erstmal sehr subjektiv sind und schnell verfälscht werden können. Außerdem müssen Teilnehmer ausgeprägte Kommunikationskompetenzen vorweisen können, um eine konstruktive Fremdeinschätzung abgeben, Feedback aber auch annehmen zu können. Dieses sollte so verpackt werden, dass es die gewünschten Veränderungen erzielt und keinen Falls wertend wirkt (Kuster et al., 2019, S. 339–340). Zudem kommt die Tatsache, dass die Güte des BTRSPI bereits vermehrt von der Wissenschaft angezweifelt wurde, so zum Beispiel 1993 von Furnham, Steele und Pendleton. Sie bezeichneten Belbins Datenfälle außerdem als „anekdotisch", da er Daten häufig zwar auswertete, jedoch nicht veröffentlichte.

Zusammenfassend lässt sich feststellen, dass das BTRSPI trotz einiger Kritikpunkte sehr häufig erfolgreich in der Praxis angewandt wird. Die kritische Betrachtung soll nicht von diesem Modell abraten, sondern viel mehr dabei helfen, mögliche Fehler und Probleme im Voraus zu vermeiden (J. H. Becker, 2018, S. 160).

Literaturverzeichnis

Arenberg, P. (2016). *Studienbrief SRH Fernhochschule. Teamentwicklung.* Titel Nr. 0533-05 (5 Aufl.). Riedlingen: SRH Fernhochschule.

Bank, S. (2018). *Das ideale Projektteam.* Wiesbaden: Springer Fachmedien Wiesbaden. https://doi.org/10.1007/978-3-658-20485-3

Becker, F. (2016). *Teamarbeit, Teampsychologie, Teamentwicklung.* Berlin, Heidelberg: Springer Berlin Heidelberg. https://doi.org/10.1007/978-3-662-49427-1

Becker, J. H. (2018). Teams. In J. H. Becker, H. Ebert & S. Pastoors (Hrsg.), *Praxishandbuch berufliche Schlüsselkompetenzen* (S. 157–166). Berlin, Heidelberg: Springer Berlin Heidelberg.

Belbin, R. M. (1981). *Management Teams, why they succeed or fail* (Butterworth-Heinemann, Hrsg.). Oxford.

Belbin, R. M. (2011). *Team roles at work* (2. ed., Reprinted.). Amsterdam: Butterworth-Heinemann.

Furnham, A., Steele, H. & Pendleton, D. (1993). A psychometric assessment of the Belbin Team-Role Self-Perception Inventory. *Journal of Occupational and Organizational Psychology, 66*(3), 245–257. https://doi.org/10.1111/j.2044-8325.1993.tb00535.x

Galliker, M. (2019). *Aktives Zuhören,* socialnet Lexikon. Zugriff am 21.01.22. Verfügbar unter: https://www.socialnet.de/lexikon/Aktives-Zuhoeren#toc_6

Hörmann, H. (1976). *Meinen und Verstehen. Grundzüge einer psychologischen Semantik* (1. Aufl.). Frankfurt am Main: Suhrkamp.

Kuster, J., Bachmann, C., Huber, E., Hubmann, M., Lippmann, R., Schneider, E. et al. (2019). *Handbuch Projektmanagement.* Berlin, Heidelberg: Springer Berlin Heidelberg. https://doi.org/10.1007/978-3-662-57878-0

Lau, D. C., & Murnigham, J. K. (1998). Interactions within groups and subgroups: The effects of demographic faultlines. *Academy of Management Review, 23*(2), 325–340.

Lippmann, E. (2019). Konfliktmanagement. In E. Lippmann, A. Pfister & U. Jörg (Hrsg.), *Handbuch Angewandte Psychologie für Führungskräfte* (S. 763–808). Berlin, Heidelberg: Springer Berlin Heidelberg.

Luckau, P. (2018). *Studienbrief SRH Fernhochschule. Kommunikation: Theorien, Modelle und Techniken.* Titel-Nr.: 1365-01. Riedlingen: SRH Fernhochschule.

Meier, M. (2020). *Praxistipps für erfolgreiche Teamarbeit.* Wiesbaden: Springer Fachmedien Wiesbaden. https://doi.org/10.1007/978-3-658-27961-5

Nerdinger, F. W. (2019). Teamarbeit. In F. W. Nerdinger, G. Blickle & N. Schaper (Hrsg.), *Arbeits- und Organisationspsychologie* (S. 119–134). Berlin, Heidelberg: Springer Berlin Heidelberg.

Rogers, C. R. (1959). A Theory of Therapy, Personality, and Interpersonal Relationships: As Developed in the Client-Centered Framework. In S. Koch (Hrsg.), *Psychology: A Study of a Science. Formulations of the Person and the Social Context* (3. Aufl., S. 184–256). New York: McGraw Hill.

Schermuly, C. C. & Schölmerich, F. (2014). Die Gruppe in der Gruppe. *Personalmagazin*, (03), 30–33. Zugriff am 19.01.2022. Verfügbar unter: https://zeitschriften.haufe.de/ePaper/personalmagazin/2014/72A993B0/files/mobile/index.html#30

Schwarz, G. (2014). *Konfliktmanagement. Konflikte erkennen, analysieren, lösen* (9. Auflage). Wiesbaden: Springer Gabler. Verfügbar unter: http://swb.eblib.com/patron/FullRecord.aspx?p=1466469

Simon, W. (2004). *GABALs großer Methodenkoffer. Grundlagen der Kommunikation* (GABALs großer Methodenkoffer / Walter Simon). Offenbach: Gabal-Verl.

Ullmann, G. & Jörg, U. (2019). Arbeiten in und mit Gruppen. In E. Lippmann, A. Pfister & U. Jörg (Hrsg.), *Handbuch Angewandte Psychologie für Führungskräfte* (S. 393–453). Berlin, Heidelberg: Springer Berlin Heidelberg.

Yukl, G. (2006). *Leadership in organizations* (6. ed.). Upper Saddle River, NJ: Pearson/Prentice Hall.

Anlagen

Anlage 1: Rollen und Aufgaben der Teamleitung

Rolle	Aufgaben	Fähigkeiten
Koordinator	Ziele klären und vereinbaren, Arbeitsteilung und Prozesse organisieren, auf Zeiten achten, Abstimmungen mit anderen vornehmen	Verzichtet auf Dominanz, muss verbindlich aber hartnäckig sein
Moderator	Jeden zu Wort kommen lassen, Probleme in der Kommunikation erkennen und lösen, Zwischenergebnisse festhalten	Visualisieren können, neutral bleiben können, zusammenfassen und den roter Faden behalten können
Berater	Klären von Beziehungsproblemen zwischen Teammitgliedern, Fach- und Methodenfragen	Gesprächsführungstechniken beherrschen (z. B. aktives Zuhören), Alternativen aufzeigen können
Konfliktmanager	Rollenkonflikte lösen	Kommunikationsstrukturen und -probleme analysieren können, Grundverständnis von Mediationstechniken
Darsteller	Ergebnisse und Erfolge des Teams nach außen darstellen	Visualisieren, sprechen und überzeugen können
Repräsentant	Teaminteressen gegenüber Organisation und anderen Teams vertreten	Selbstbewusstsein
Verhandlungsführer	Über Ressourcen wie Zeit, Geld, Ausstattung mit der Organisation verhandeln können	Realistisch sein können, Verhandlungsstrategien beherrschen

Quelle: Ullmann & Jörg, 2019, S. 418

BEI GRIN MACHT SICH IHR WISSEN BEZAHLT

- Wir veröffentlichen Ihre Hausarbeit, Bachelor- und Masterarbeit

- Ihr eigenes eBook und Buch - weltweit in allen wichtigen Shops

- Verdienen Sie an jedem Verkauf

Jetzt bei www.GRIN.com hochladen und kostenlos publizieren